Christoph Schreitl

Going Public
Eine mögliche Exit-Strategie
von Venture Capital-Gesellschaften

Bachelor + Master
Publishing

Schreitl, Christoph Going Public: Eine mögliche Exit-Strategie von Venture Capital-Gesellschaften, Hamburg, Diplomica Verlag GmbH 2011
Originaltitel der Abschlussarbeit: Going Public als mögliche Exit-Strategie von Venture Capital-Gesellschaften

ISBN: 978-3-86341-079-7
Druck: Bachelor + Master Publishing, ein Imprint der Diplomica® Verlag GmbH, Hamburg, 2011
Zugl. FH Wien, Wien, Deutschland, Bachelorarbeit, 2011

Bibliografische Information der Deutschen Nationalbibliothek:
Die Deutsche Nationalbibliothek verzeichnet diese Publikation in der Deutschen Nationalbibliografie;
detaillierte bibliografische Daten sind im Internet über http://dnb.d-nb.de abrufbar.

Die digitale Ausgabe (eBook-Ausgabe) dieses Titels trägt die ISBN 978-3-86341-579-2 und kann über den Handel oder den Verlag bezogen werden.

Dieses Werk ist urheberrechtlich geschützt. Die dadurch begründeten Rechte, insbesondere die der Übersetzung, des Nachdrucks, des Vortrags, der Entnahme von Abbildungen und Tabellen, der Funksendung, der Mikroverfilmung oder der Vervielfältigung auf anderen Wegen und der Speicherung in Datenverarbeitungsanlagen, bleiben, auch bei nur auszugsweiser Verwertung, vorbehalten. Eine Vervielfältigung dieses Werkes oder von Teilen dieses Werkes ist auch im Einzelfall nur in den Grenzen der gesetzlichen Bestimmungen des Urheberrechtsgesetzes der Bundesrepublik Deutschland in der jeweils geltenden Fassung zulässig. Sie ist grundsätzlich vergütungspflichtig. Zuwiderhandlungen unterliegen den Strafbestimmungen des Urheberrechtes.

Die Wiedergabe von Gebrauchsnamen, Handelsnamen, Warenbezeichnungen usw. in diesem Werk berechtigt auch ohne besondere Kennzeichnung nicht zu der Annahme, dass solche Namen im Sinne der Warenzeichen- und Markenschutz-Gesetzgebung als frei zu betrachten wären und daher von jedermann benutzt werden dürften.

Die Informationen in diesem Werk wurden mit Sorgfalt erarbeitet. Dennoch können Fehler nicht vollständig ausgeschlossen werden, und die Diplomarbeiten Agentur, die Autoren oder Übersetzer übernehmen keine juristische Verantwortung oder irgendeine Haftung für evtl. verbliebene fehlerhafte Angaben und deren Folgen.

© Bachelor + Master Publishing, ein Imprint der Diplomica® Verlag GmbH
http://www.diplom.de, Hamburg 2011
Printed in Germany

Inhaltsverzeichnis

1. Einleitung — 9

    1.1 Problemstellung — 9
    1.2 Zielsetzung und Forschungsfragen — 9
    1.3 Wissenschaftliche Methodik — 9
    1.4 Aufbau der Arbeit — 9

2. Venture Capital Investments — 11

3. Exit-Varianten — 13

    3.1 Börsengang — 13
        3.1.1 Vorteile des Börsengangs — 13
        3.1.2 Nachteile eines Börsengangs — 14
    3.2 Trade Sale — 15
        3.2.1 Vorteile des Trade Sales — 15
        3.2.2 Nachteile des Trade Sales — 16
    3.3 Secondary Buy-out — 16
        3.3.1 Vorteile des Secondary Buy-out — 17
        3.3.2 Nachteile des Secondary Buy-out — 17
    3.4. Buy Back — 17
        3.4.1 Vorteile des Buy Backs — 17
        3.4.2 Nachteile des Buy Backs — 18
    3.5 Totalabschreibung — 18
        3.5.1 Vorteile der Totalabschreibung — 18
        3.5.2 Nachteile der Totalabschreibung — 19
    3.6 Globale Bedeutung der einzelnen Exit-Möglichkeiten — 19

4. Exit aus einem Venture Capital Investment über die Börse — 21

    4.1 Der Gang an die Börse — 21
        4.1.1 Ablauf — 21
        4.1.2 Voraussetzungen — 24
    4.2 Festlegung des Emissionspreises — 24
    4.3 Performance eines Ausstiegs über einen Börsengang — 25
    4.4 Vergleich der verschiedenen Börsen für Wachstumsunternehmen — 26
        4.4.1 NASDAQ (USA) — 26
        4.4.2 AIM (Alternative Investment Market) — 26
        4.4.3 EASDAQ (NASDAQ Europe) — 27
        4.4.4 Neuer Markt — 27
        4.4.5 EURO.NM — 28
        4.4.6 Wahl des Börsenplatzes — 28
    4.5 Motive für einen Börsengang aus Sicht des Unternehmens — 29
    4.6 Motive für einen Börsengang aus Sicht der Venture Capital Gesellschaft — 31

5. Schlussbetrachtung — 33

Literatur- und Quellenverzeichnis — 34

Abbildungsverzeichnis

Abbildung 1: Globaler Vergleich der Bedeutung von Exit-Varianten (2005)
Abbildung 2: Phasen eines Börsengangs
Abbildung 3: Gründe des Börsengangs
Abbildung 4: Vorteile für ein Unternehmen aus einem Börsengang (1998)

Abkürzungsverzeichnis

Abb. Abbildung

AIM Alternative Investment Market, London

bzw. beziehungsweise

DAI Deutsches Aktieninstitut

d.h. das heisst

EASDAQ European Association of Securities Dealers Automated Quotation

f. folgende

F&E Forschung und Entwicklung

Hrsg. Herausgeber

i.d.R. in der Regel

inkl. inklusiv

IPO Initial Public Offering

IRR Internal Rate of Return

Mio. Million(en)

k.A. keine Angabe

Kap. Kapitel

KMU Kleine und mittlere Unternehmen

NASDAQ National Association of Securities Dealers Automated Quotation

NAV Net Asset Value

sog. so genannt

Tab. Tabelle

u.a. unter anderem

USA United States of America

vgl. vergleiche

z.B. zum Beispiel

1. Einleitung

1.1 Problemstellung

Venture Capital Gesellschaften unterstützen typischerweise junge Unternehmen mit zeitlich befristeten Investments. Dieses Investment kann in verschiedene Phasen unterteilt werden. Die letzte, und zugleich wichtigste Phase für die Venture Capital Gesellschaft bildet der Ausstieg aus deren Beteiligung an einem Unternehmen.
Dieser Ausstieg ist ausschlaggebend für die Performance des Investments, da im Gegensatz zurzeit während des Investments (in welcher kaum Gewinne erzielt werden können) der Gewinn je nach Exit-Möglichkeit maximiert werden kann.

1.2 Zielsetzung und Forschungsfragen

Ziel dieser Arbeit ist es, den Prozess des Exits aus Sicht der Venture Capital Gesellschaft, wie auch aus jener des Unternehmens aufzuzeigen. Vor allem der Gang an die Börse inklusive dessen Ablauf und Voraussetzungen wird betrachtet.
Die unterschiedlichen Ausstiegsmöglichkeiten werden mit ihren Vor- und Nachteilen aufgezeigt. Der Fokus liegt hierbei am Ausstieg über den Börsengang. Welche Börsen kommen für innovative Wachstumsunternehmen in Fragen und welche Einflussfaktoren gibt es bei der Wahl des richtigen Börsenplatzes?

1.3 Wissenschaftliche Methodik
Für diese Bachelorarbeit wird die Methodik der Literaturarbeit angewandt.

1.4 Aufbau der Arbeit
Einleitend werden in der Arbeit die Problemstellung, die Zielsetzung und die Forschungsfragen behandelt. Anschließend werden die zu Grunde liegende wissenschaftliche Methodik sowie der Aufbau der Arbeit dargestellt.

Der zweite Teil dieser Arbeit befasst sich mit dem Begriff Venture Capital Investment, als Teil von Private Equity.

Um dem Leser einen allgemeinen Überblick zu verschaffen, wird im dritten Teil die Bedeutung der verschiedenen Exit-Möglichkeiten mit ihren Vor- und Nachteilen, behandelt.

Der vierte Teil richtet den Fokus auf den Börsengang als Ausstiegsmöglichkeit. Hauptaugenmerk liegt hierbei auf der Vorbereitungs- und Durchführungsphase eines Börsengangs. Anschließend wird erarbeitet an welcher Börse ein Börsengang für ein Wachstumsunternehmen erfolgen kann und soll. Weiters werden unterschiedliche Gesichtspunkte für einen Börsengang aus der Sicht der Venture Capital Gesellschaft und der des unterstützten Unternehmens bearbeitet.

Die Arbeit resultiert in einer Schlussbetrachtung, welche die wichtigsten Erkenntnisse nochmals zusammenfassend darstellt.

2. Venture Capital Investments

Der Begriff *Venture Capital* ist nicht etwa theoretisch bestimmt, sondern viel mehr durch ein in der Praxis existierendes Phänomen entstanden. Der Amerikaner Jock Whitney gründete kurz nach dem zweiten Weltkrieg ein Unternehmen namens „Risk Capital Investment Firm". Jock Whitney war jedoch mit dieser Bezeichnung unzufrieden und übernahm den Vorschlag seines Partners Schmidt. Er kombinierte „the risk element and the adventuresome element of this kind of investing" zu seiner bestehende Bezeichnung und nannte das Unternehmen „Private Venture Capital Firm" *(vgl. Wilson 1985, S. 17 bzw. Fendel 1987, S. 16)*. Dies war die praktische Entstehung des Begriffs *Venture Capital*. Die theoretische Definition bzw. eine exakte deutsche Übersetzung des Begriffs *Venture Capital* ist kaum möglich, da die Verwendung des Begriffs in der Praxis sehr unterschiedlich ist *(vgl. Engelmann et. al. 2000, S. 108)*. Eine Definition hat sich jedoch in den letzten Jahren weit verbreitet: Bei Venture Capital im engeren Sinne handelt es sich um Gründungs-, Start- und Wachstumsfinanzierung von jungen Unternehmen der High-Tech-Branche in Form von Eigenkapitalfinanzierung, kombiniert mit Managementberatung und der Zielsetzung einer Maximierung des Unternehmenswertes *(vgl. Schmidt/Willms 1987 bzw. Pichotta 1990, S. 11)*. Bei der Zielgruppe von Venture-Capital-Finanzierungen handelt es sich somit hauptsächlich um in der Gründungsphase stehende Unternehmen, die mit der Entwicklung von innovativen Produkten beschäftigt sind. Der High-Tech-Charakter der Entwicklungen spielt dabei nicht mehr die Hauptrolle, vielmehr ist Innovation gefragt. Als Finanzierungsinstrument kommt vollhaftendes Eigenkapital zum Einsatz, und wird zumeist mit aktiver Managementunterstützung kombiniert *(vgl. Bader 1996, S. 4f)*.

Übersetzt wird *Venture Capital* oft als „Risikokapital" oder „Wagniskapital" *(vgl. Schween 1996, S.14)*. In der deutschen Literatur ist der Begriff aber oft auch als „Beteiligungskapital" oder „Spekulationskapital" zu finden *(vgl. Bieg/Kussmaul 2000, S. 66)*. Aber auch die Übersetzung als „Chancenkapital" ist gängig, und meint damit die Renditechancen des Finanziers *(vgl. Nathusius 2001, S. 53f)*.

Für generelle Aspekte wird in dieser Arbeit der Begriff *Venture Capital* verwendet. Der Schwerpunkt dieser Arbeit betrifft junge Unternehmen, bei denen ein erster Börsegang als Ausstiegsszenario aus der Venture-Capital-Finanzierung in Frage kommt.

3. Exit-Varianten

Das Ziel eines Venture-Capital-Investments ist es, durch einen gut vorbereiteten und geplanten Ausstieg aus der Beteiligung an einem Unternehmen, eine hohe Wertsteigerung der Eigenkapitalanteile zu erwirtschaften. Bei dem sogenannten Exit werden diese Eigenkapitalanteile des Finanziers bestmöglich veräußert. Während der Investitionszeit machen sich im Normalfall keine wesentlichen Gewinne bemerkbar. Aus diesem Grund ist die Exit-Phase für den Investor sicherlich die wichtigste, da durch den Verkauf realisierte Wertsteigerungen die Rendite auf das eingesetzte Kapital erwirtschaftet wird.
In diesem Kapitel werden Vor- und Nachteile der jeweiligen Exit-Varianten erarbeitet.

3.1 Börsengang

Der Börsengang (IPO), ist die Königsdisziplin der Exit-Varianten. Auf Grund der meist hohen erzielbaren Erlöse und der breiten Streuung der Aktien unter institutionellen sowie privaten Investoren, gilt der Börsengang als bevorzugter Ausstieg aus einer Unternehmensbeteiligung.
Der Venture-Capital-Investor steigt niemals durch die vollständige Veräußerung seiner Unternehmensanteile allein über die Börse aus. Dies würde die Gefahr einer negativen Kursbildung wesentlich erhöhen. Oftmals werden die Anteile Schritt für Schritt veräußert, oder z.B. auch an Investmentfonds verkauft. Durch den Börsengang wird also ein vorher privates Unternehmen publik gemacht.

3.1.1 Vorteile des Börsengangs

Ein sehr wesentlicher Vorteil des Börsengangs ist der Ausbau der Finanzierungsmöglichkeiten des Unternehmens (vgl. Schanz 2000, S. 11). Dem Unternehmen fließen durch den Börsengang neue liquide Mittel zu. Im selben Atemzug kann die Gesellschafterstruktur erweitert werden, da neue Aktionäre Anteile des Unternehmens erwerben können. Im Gegenzug dazu können diese Aktien auch wieder sehr leicht verkauft werden, was dazu führt dass auch Personen mit eher kurzfristigem Investitionshorizont zur langfristigen Finanzierung des Unternehmens beitragen können. Aber auch die Möglichkeiten der Fremdfinanzierung werden durch einen Börsengang erheblich verbessert. Das liegt daran dass Finanzinstitute auf Grund der

Öffentlichkeit der Unternehmensinformationen, auf einfacherem Wege eine Bonitätsanalyse durchführen können, die zu einer höheren Kreditwürdigkeit führen kann. Im Gegensatz zu anderen Exit-Varianten führen die höhere Transparenz und Liquidität zu einer höheren Zahlungsbereitschaft seitens der Käufer, da deren Risiken dadurch reduziert werden können.

Auch nicht außer Acht zu lassen ist der Effekt der steigenden Bekanntheit des Unternehmens. Die größere Bekanntheit erhöht das Interesse der Investoren und hat unter anderem auch absatzfördernde Wirkung. Ganz allgemein kann ein Börsengang einen positiven Einfluss auf das Image eines Unternehmens haben *(vgl. Gleisberg 2003, S. 31)*.

3.1.2 Nachteile eines Börsengangs

Ob ein Börsengang als Exit-Variante überhaupt in Frage kommt, hängt in erster Linie von zwei Faktoren ab. Erstens muss das Unternehmen gewisse Voraussetzungen in Bezug auf Größe, Reife und Fortführungsbeständigkeit aufweisen. Zweitens spielen die aktuellen Marktgegebenheiten für einen Börsengang eine essentielle Rolle. Gleichzeitig kommen auf das Management Herausforderungen in Form von gesteigerter Transparenz, Controlling, Wachstum und die Lieferung von quartalsweisen Resultaten zu. Einer der gewichtigsten Nachteile eines Börsengangs sind die hohen Kosten. Kosten entstehen hier unter anderem als Gebühren für Konsortialbanken, die Due-Diligence-Prüfung des Unternehmens, Erstellung des Emissionsprospekts, das jährliche Erstellen von Geschäftsberichten und natürlich Investor Relations. Einen weiteren Nachteil birgt das Risiko einer feindlichen Übernahme. Von entscheidender Bedeutung über den Erfolg eines Börsengangs ist die Zusammenarbeit mit der Emissionsbank. Oftmals verhängen Emissionsbanken ein sogenanntes Lock up Agreement (Veräußerungssperren) über das Unternehmen. Zweck dieser Veräußerungssperren ist eine Wahrung eines sicheren IPO's. Es soll damit ein Ausnutzen von Insiderwissen unterbunden werden. Während der zwischen sechs- und 24-Monatigen Lock up Periode ist es dem Venture Capital Finanzier nicht gestattet seine Beteiligung zu veräußern *(vgl. Von Daniels 2004, S. 47f)*.

3.2 Trade Sale

Bei dieser Exit-Variante wird die vorhandene Beteiligung an ein anderes Unternehmen verkauft. In der Regel handelt es sich bei dem Erwerber um ein Unternehmen aus derselben Branche, welches demnach in Konkurrenz zu dem zu verkaufenden Unternehmen steht *(vgl. Jesch 2004, S. 107)*. Das Hauptmotiv der Erwerber, die zumeist industrielle Investoren sind, ist ein strategisches Interesse am Know-how-Transfer *(vgl. Neuhaus/Braun 2003, S. 215)*.

Der überwiegende Teil der Exits aus Venture Capital Investments geschieht über einen Trade Sale. Obgleich sie auch in der Öffentlichkeit weniger beachtet sind als IPOs.

3.2.1 Vorteile des Trade Sales

Kosten: Eine Realisierung des Trade Sales zeigt in der Praxis zahlreiche Vorteile gegenüber anderen Exit-Varianten *(vgl. Drill/Klein 2003, S. 527)*. Vor allem im Vergleich zu einem Börsengang ist die Abwicklung eines Trade Sale wesentlich schneller und kostengünstiger. Es dauert durchschnittlich drei Monate um diesen Prozess durchzuführen. Die Marketingkosten bei einem Trade Sale, sind im Vergleich zu den Road-Shows bei einem IPO, vielfach geringer. Es muss meist nur ein Käufer gefunden und überzeugt werden.

Premium: Oftmals wird vom Käufer der Beteiligung ein höherer Preis für Synergien, Marktanteile, sowie Marktzugang akzeptiert *(vgl. Wall/Smith 1997, S. 9)*. Dieser Aufpreis kann oft den absoluten Erfolg der Beteiligungsveräußerung darstellen, und kann den Gewinn, der durch einen Börsengang entstanden wäre, übertreffen. Bei einem Trade Sale kann es durchaus üblich sein dass das Unternehmen nicht als ganze Einheit veräußert wird, sondern nur gewisse Geschäftsbereiche davon *(vgl. Leschke 2003, S. 251)*.

Vollständige Veräußerung: Investoren übernehmen oftmals 100% der Beteiligung an einem Unternehmen. Diese Möglichkeit ist bei einem Trade Sale, im Gegensatz zu einem IPO, gegeben.

3.2.2 Nachteile des Trade Sales

Interessenkongruenz: Oft besteht ein Interessenkonflikt zwischen dem Management des Wachstumsunternehmens und dem Management des Venture-Capital-Investors. Der Käufer der Beteiligung wechselt oftmals das Management aus bzw. nimmt deutlichen Einfluss auf die Unternehmensentwicklung. Dieser Konflikt ist daher berechtigt, da die Unabhängigkeit des Unternehmens stark gefährdet ist. Somit kann ein Trade Sale am Widerstand des Managements des Unternehmens scheitern *(vgl. Wall/Smith 1997, S. 9)*.

Teilweise Veräußerung: Einen Trade Sale unterteilt man in zwei Grundtypen: Den Asset Deal und den Share Deal. Unter einem Asset Deal versteht man Veräußerung von spezifizierten Wirtschaftsgütern. Bei einem Share Deal sind Beteiligungsrechte in Form von Aktien oder Geschäftsanteile umfasst *(vgl. Jesch 2004, S. 107)*. Wird ein Trade Sale als Share Deal abgewickelt, so kann ein ähnlicher Nachteil wie bei einem unvollständigen Ausstieg über einen Börsengang entstehen. Der Venture-Capital-Investor ist danach einfacher Aktionär des Unternehmens.

3.3 Secondary Buy-out

Beim Secondary Buy-out handelt es sich um einen Verkauf der Beteiligung an einen anderen Finanzinvestor oder ein anderes Venture-Capital-Unternehmen. In der Literatur verwendet man meist noch die Begriffe *Secondary Sale* bzw. *Secondary Purchase (vgl. Bader 1996, S. 148)*. Der Secondary Buy-out reiht sich vom Standpunkt der Lukrativität hinter dem Börsengang und dem Trade Sale ein, da Finanzinvestoren in der Regel eine hohe IRR erwarten und deshalb der Kaufpreis entsprechend niedriger ausfällt. Dennoch steigt der Anteil an Secondary Buy-outs als Exit-Variante stetig. Gründe hierfür sind das oft schwierige Börsenumfeld welches einen IPO verhindert. Oftmals besitzt das zu veräußernde Unternehmen auch noch nicht die notwendige Reife für einen Börsengang oder einen Trade Sale *(vgl. Von Daniels 2004, S. 51)*. Das Hauptmotiv für einen Secondary Buy-out besteht in der strategischen Neupositionierung des Venture Capital Unternehmens. Da manche Geschäftsbereich nicht mehr zum Portfolio des Finanziers passen, diese aber nicht die Reife für einen IPO oder einen Trade Sale aufweisen, wird der Verkauf an einen anderen Finanzinvestor bevorzugt.

3.3.1 Vorteile des Secondary Buy-out

Strategische Überlegungen: Durch die Übernahme eines Investors besteht die Möglichkeit entweder den Marktanteil, den Markteinfluss und das Know-how zu erhöhen. Die Wertschöpfungskette kann ebenfalls verlängert werden *(vgl. Von Daniels 2004, S. 51)*.

Kostentechnische Überlegungen: Secondary Buy-outs sind kalkulierbare und risikoärmere Investments. Grund dafür ist der Einstieg in das Unternehmen welches sich bereits in einer späteren Finanzierungsphase befindet, und daher die Unsicherheit hinsichtlich der Entwicklung wesentlich niedriger ist, als zum Startup-Zeitpunkt des Unternehmens *(vgl. Von Daniels 2004, S. 51)*.

3.3.2 Nachteile des Secondary Buy-out

Durch den Verkauf der Beteiligung an einen Finanzinvestor, räumt man diesem ein Mitspracherecht bei strategischen Entscheidungen ein.
Der Hauptnachteil liegt allerdings im zumeist nicht so hoch ausfallenden Verkaufserlös, im Vergleich zu anderen Exit-Varianten.

3.4. Buy Back

Bei einem Exit durch Buy Back werden die vom Venture-Capital-Investor gehaltenen Anteile durch die Alt-Gesellschafter bzw. das Management des Unternehmens zurückgekauft. Diese Exit-Variante tritt meist nur dann ein, wenn ein schlechterer Erfolg erzielt wurde als erwartet, und somit die Anteile nicht besonders viel an Wert gewonnen haben. Denn ohne entsprechende Wertsteigerung der Anteile, stehen oft andere Exit-Kanäle als das Buy Back, nicht zur Verfügung.

3.4.1 Vorteile des Buy Backs

Kosten: Verglichen mit anderen Exit-Varianten wie dem Börsengang, Trade-Sale und Secondary Buy-out, handelt es sich beim Buy Back um die kostengünstigste Ausstiegsmöglichkeit der Beteiligung. Dies hat einfache Gründe: Es muss keine Käufersuche stattfinden, und somit entfallen alle, mit diesem Prozess verbundenen, Kosten.

Unternehmenskultur: Da bei einem Buy Back im Regelfall das Alt-Management erhalten bleibt, kommt es auch zu keiner Änderung der Unternehmenskultur.

3.4.2 Nachteile des Buy Backs

Geringe Rendite: Ein Buy Back als Beteiligungsausstieg gilt als die Variante mit dem geringsten Returnpotential. Dies ist der Grund warum zahlreiche Venture Capital Investoren diese Exit-Variante nicht als Ausstiegsmöglichkeit in Ihre Verträge inkludieren.

Kapitalmangel: Oftmals haben die Gesellschafter des unterstützten Unternehmens nicht die Möglichkeit den Kaufpreis aus Eigenmitteln aufzubringen. Da aber eine Fremdfinanzierung in Form von Bankkrediten zumeist nur an aussichtsreiche Unternehmen gewährt wird, kann es hier zu einem Kapitalengpass kommen.

Interessenkonflikt: Die Altgesellschafter verfolgen das Ziel einen möglichst niedrigen Preis für die Beteiligung zu bezahlen, wobei hingegen die Venture-Capital-Investoren einen hohen Verkaufserlös erzielen wollen *(vgl. Bader 1996, S 148f)*.

3.5 Totalabschreibung

Ist dem Unternehmen kein Turnaround möglich oder kann kein Käufer gefunden werden, so bleibt als Ausstieg nur die Liquidation und der damit verbundene Verkauf der Aktiva der Bilanz, der meist mit einem Totalverlust endet *(vgl. Maurenbrecher 2008, S. 74f)*. Es wird bei dieser Exit-Variante somit die gesamte Geschäftstätigkeit eingestellt.

3.5.1 Vorteile der Totalabschreibung

Die Totalabschreibung kann unter bestimmten Umständen auch die präferierte Ausstiegsmöglichkeit aus einer Beteiligung sein. Dies ist dann der Fall, wenn durch den Verkauf der Akiva ein höherer Wert zu erzielen ist, als bei Fortführung der Unternehmensbeteiligung *(vgl. von Daniels 2004, S. 53)*.

3.5.2 Nachteile der Totalabschreibung

Die meisten Investoren scheuen den Weg der Totalabschreibung, da diese dadurch einen erheblichen Reputationsverlust hinnehmen müssen *(vgl. von Daniels 2004, S. 53)*.

3.6 Globale Bedeutung der einzelnen Exit-Möglichkeiten

In diesem Abschnitt wird eine Übersicht gegeben, welche Ausstiegsmöglichkeiten aus einer Beteiligung, von Investoren in der Praxis gewählt werden. Der Vergleich wird auf globaler Ebene gezogen, und ist in der folgenden *Abbildung 1* dargestellt:

Abbildung 1: **Globaler Vergleich der Bedeutung von Exit-Varianten (2005)**

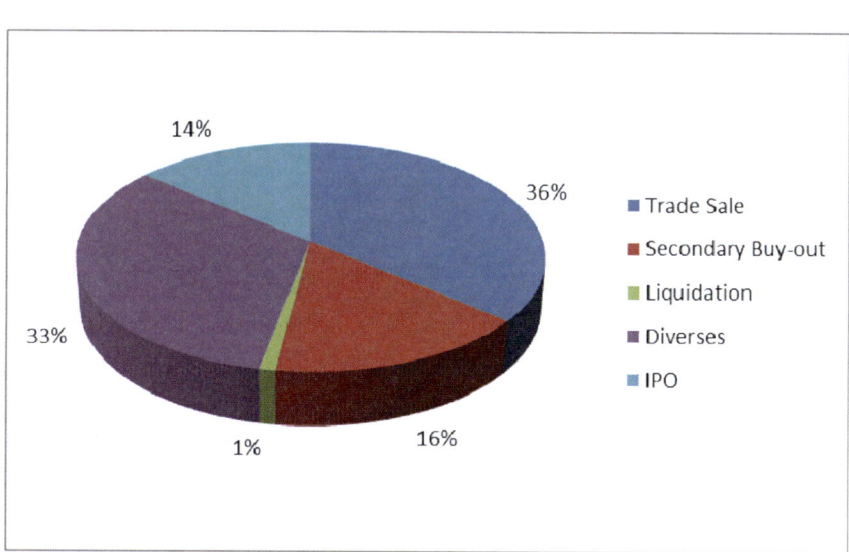

Quelle: Eigene Darstellung; Daten: *SCM Strategic Capital Management (Hrsg.) 2006, S. 7.*

Bei dieser Abbildung werden die verschiedenen Anteile der Exit-Möglichkeiten gezeigt, und sind gemessen am erzielten Wert beim Ausstieg aus der Venture Capital Investition. Die Daten wurden global und nur während einer Periode (2005) erhoben. Gemessen am prozentuellen Wert, kommt dem Trade Sale hierbei die größte Bedeutung zu.

4. Exit aus einem Venture Capital Investment über die Börse

In den vorangegangenen Kapiteln wurde der Begriff Venture Capital definiert und beschrieben, sowie die verschiedenen Exit-Varianten mit Ihren Vor- und Nachteilen dargestellt. In den folgenden Kapiteln liegt der Fokus auf dem Börsengang als Ausstiegsmöglichkeit.

4.1 Der Gang an die Börse

Der Gang an die Börse wird nachfolgend in die beiden Kapitel „Ablauf" und „Voraussetzungen" unterteilt.

4.1.1 Ablauf

Ein standardisiertes Konzept, welches einen erfolgreichen Börsengang garantiert, gibt es nicht. Dieser Prozess ist von vielen Variablen abhängig, wie z.B.:
-Individuelle Ausgangssituation
-Zielsetzungen der Eigentümer
-Kapitalmarktumfeld.

Die Frage nach dem richtigen Zeitpunkt kann ebenso wenig mit Sicherheit beantwortet werden. Börsengänge verlaufen selten reibungslos, weisen oft Terminverschiebungen auf, und stellen eine Belastungsprobe für die zeitlichen Ressourcen des Managements dar. Dies macht deutlich dass ein organisiertes Vorgehen unumgänglich ist, da es sonst rasch zu einer Überlastung der Managementkapazitäten kommt, welche eine Vernachlässigung der normalen Geschäftstätigkeit zur Folge hat.

Der Börsengang kann in drei Phasen eingeteilt werden, welche in der nachfolgenden *Abbildung 2* dargestellt werden.

Abbildung 2: **Phasen eines Börsengangs**

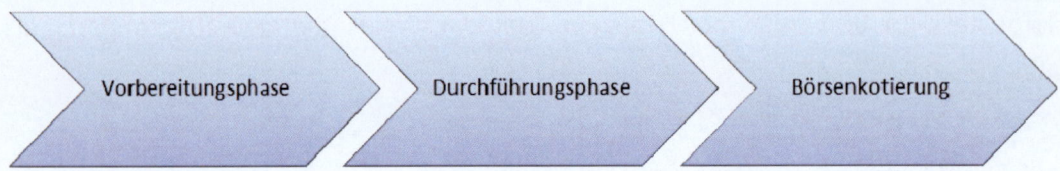

Quelle: Eigene Darstellung

Die Vorbereitungsphase beginnt mit der Entscheidung an die Börse zu gehen. Motive für diese Entscheidung sind je nach Situation unterschiedlich. Zumeist aber liegen Gründe wie z.B. ein Beteiligungsausstieg, ausgeschöpfte Finanzierungsmöglichkeiten, Wachstumsplanung oder der Wunsch nach Internationalisierung vor *(vgl. Deutsche Börse AG 2003, S. 36-38)*. Nach dieser Entscheidung wird ein Konsortium gebildet, welches das Unternehmen beim Börsengang unterstützen soll. Dieses Konsortium besteht in der Regel aus dem Management des Unternehmens, Rechtsanwälten, Emissionsbanken, Wirtschaftsprüfer, Steuerberater und PR-Partner *(vgl. Kroll 2002, S. 54)*.

Nach der Teambildung kann mit den Vorbereitungsarbeiten begonnen werden. Eine dieser Vorbereitungsarbeiten ist das erstellen eine Emissionskonzeptes. Im Emissionsprospekt werden Informationen über die Vermögens-, Finanz- und Ertragslage, die mögliche zukünftige Entwicklung und die Risiken vermittelt *(vgl. Untergrabner/Ehrenhöfer 2004, S. 220)*. Dieses Konzept sollte unter anderem Angaben über das Platzierungsverfahren, die geltenden Publizitätsvorschriften, etwaige Umstrukturierungen, die geplante Verwendung des Emissionserlöses, die Aktienstückelung, das gewählte Bankenkonsortium, die Kosten des Börsengangs und das Investor-Relations-Konzept enthalten *(vgl. Deutsche Börse AG 2003, S. 59)*. Das Investor-Relations-Konzept soll darlegen, weshalb eine Investition in das Unternehmen für die potentiellen Investoren interessant sein könnte.

Nach Erstellung des Emissionskonzeptes kann mit der Due Diligence begonnen werden. Due Diligence wird als schriftlich dokumentierter Unternehmensprüfungs-Prozess gesehen. Das Ziel dieser Prüfung ist die Identifizierung von Risiken und die Bewertung des Unternehmens *(vgl. Deutsche Börse AG 2003, S. 60-61)*. Die Due Diligence befasst sich also mit rechtlichen, buchhalterischen, organisatorischen, steuerlichen Aspekten, und soll ein möglichst der Wahrheit entsprechendes Bild des Unternehmens abgeben *(vgl. Volkart 2006, S. 326)*.

Einer weiteren Vorbereitungszeit bedarf es bei der Erstellung des Börsenzulassungsprospekts. Die wesentlichen Inhalte dieses Prospekts sind Unternehmensdaten, wirtschaftliche und rechtliche Verhältnisse, sowie eine Finanzübersicht. Je nach Zulassungsland gibt es gesetzlich geregelte Inhalte die man unter Anderem im Börsengesetz und der Verkaufsprospekt-Verordnung findet *(vgl. Deutsche Börse AG 2003, S. 62)*. Dieses Dokument muss vor dem Börsengang von der Zulassungsstelle der Börse akzeptiert werden, ansonsten kann der Börsengang nicht stattfinden.

Nach Erledigung dieser Arbeiten beginnt die Durchführungsphase. Man spricht in dieser Phase auch vom „Pre-Marketing" *(vgl. Rudolf/Witt 2002, S. 46)*. In dieser Phase publizieren die Analysten der Konsortialbanken die sogenannten Research Reports und beginnen mit dem Marketing der Aktie. Nach ersten Gesprächen mit potentiellen Investoren oder Fonds, wird versucht, die Preisspanne des Ausgabepreises festzulegen. Nebenbei erfolgt auch die Veröffentlichung des Emissionsprospekts, sowie eines Kotierungsinserats und der Start der Road Show *(vgl. Steiner 2005, S. 20f)*. Bei einer Road Show erfolgt die Präsentation vor institutionellen Investoren wie Pensionsfonds oder Investmentgesellschaften *(vgl. Deutsche Börse AG 2003, S. 67)*. Parallel dazu läuft die dreitägige Bookbuilding-Phase weiter. Diese Phase wird oft als „black-out period" bezeichnet. Während dieser Phase dürfen die Konsortialbanken keine Research Berichte mehr veröffentlichen. Innerhalb der Bookbuilding-Phase können alle Zeichnungsangebote abgegeben werden. Diese werden elektronisch erfasst und ausgewertet, sodass am Ende dieses Prozesses der genaue Emissionspreis feststeht. Danach erfolgt die Zuteilung der Aktien durch das Konsortium. Dieses Verfahren wird bei fast allen Börsengängen gewählt *(vgl. Weitnauer 2000, S. 323)*.

Nun beginnt die letzte Phase, die sogenannte Kotierungsphase. Ab Beginn der Kotierung des Unternehmens an der Börse, ist es verpflichtet, regelmäßig Quartalsberichte, Jahresabschlüsse und wichtige Ereignisse ad-hoc zu publizieren.

4.1.2 Voraussetzungen

Der Gang an die Börse hat zahlreiche gesetzliche, quantitative und qualitative Voraussetzungen, welche unter dem Schlagwort Börsenreife zusammengefasst werden können.

Zur Erreichung der Börsenreife müssen zahlreiche formelle Voraussetzungen geschaffen werden wie z.B. die Umwandlung in eine börsenfähige Rechtsform, passende Besetzung der Organe (Vorstand, Aufsichtsrat), Abschluss von gesellschaftsrechtlichen Vereinbarungen, Schaffung einer börsenfähigen Satzung sowie Erstellung der notwendigen historischen Abschlüsse *(vgl. Deutsche Börse AG 2006, S. 129)*.

Neben diesen formellen Voraussetzungen gibt es noch qualitative Voraussetzungen: Hierzu zählt die Equity Story. Diese beschreibt die Positionierung des Unternehmens am Kapitalmarkt samt Unternehmensstrategie, Finanzplanung mittels GuV-, Bilanz- und Cashflow-Rechnung. Die Ergebnisse dieser Equity Story werden in ein sogenanntes Factbook übertragen, welches schon Aussagen über das Emissionskonzept beinhält *(vgl. Deutsche Börse AG 2006, S. 129)*.

4.2 Festlegung des Emissionspreises

Für die erste Preisbildung stehen einige Verfahren zur Auswahl:

Festpreisverfahren: Beim Festpreisverfahren wird zwischen dem Emittenten und dem Bookrunner ein Preis fixiert, zu welchem die Aktien an die Investoren ausgegeben werden *(vgl. Deutsche Börse AG 2006, S. 299)*. Das Bankenkonsortium garantiert hierbei bereits im Vorhinein für eine Übernahme eines gewissen Anteils am Platzierungsvolumen. Falls beim Börsengang nicht ausreichend viele Aktien platziert werden können, müssen die Konsortialbanken dieses Aktienpaket in ihr eigenes Portfolio übernehmen *(vgl. Rohleder 2001, S. 396f)*.

Auktionsverfahren: Hierbei wird kein fixer Ausgabepreis bestimmt. Es wird lediglich ein Mindestpreis festgelegt und Investoren geben über diesen Mindestpreis hinaus, ihre Angebote ab.

Bookbuildingverfahren: Das Bookbuildingverfahren ist das meistverwendete Verfahren bei der Findung des Emissionspreises. Der Preis wird hierbei in einem mehrstufigen Prozess ermittelt *(vgl. Rohleder 2001, S. 397f)*. Sobald die Research Berichte der Konsortialbanken fertiggestellt sind, wird mit dem Pre-Marketing begonnen bei welchem das Konsortium das Kaufinteresse der potentiellen Investoren überprüft. Bei Gesprächen erhofft sich das Konsortium ein Feedback der Investoren, von welchem Rückschlüsse auf Preisvorstellungen und das Emissionsvolumen gezogen werden können *(vgl. Wiesmann/Gossler/Harder 2001, S. 55)*. Diese Gespräche bilden eine Grundlage für die Bookbuilding-Spanne, welche eine sichere Platzierung der Aktien vermuten lässt *(vgl. Bösl 2004, S. 172)*. Innerhalb dieser Spanne werden dann Kaufangebote abgegeben. Nach der Abgabe der Kaufangebot wird der Preis festgelegt und die Zuteilung erfolgt.

4.3 Performance eines Ausstiegs über einen Börsengang

Bezüglich der Performance von generellen Exits aus Venture-Capital-Investitionen sind nahezu keine Studien vorhanden. Eines der Probleme hierbei ist zum Beispiel die sehr seltene öffentliche Bekanntgabe der Preise bei einem Trade Sale. Es gibt zwar Studien betreffend der Entwicklung der Exit-Kanäle nach Volumen und Anzahl in Relation zu einer bestimmten Index-Entwicklung, hieraus kann jedoch keine eindeutige Aussage über erwartete Performanceentwicklung sowie erzielbarer Rendite gemacht werden *(vgl. Kitzmann 2005, S. 245)*.

Fest steht aber dass die durch einen Börsengang erzielten IRRs gegenüber anderen Exit-Kanälen wesentlich höher ausfallen *(vgl. Felder 2004, S. 21)*. Zu erklären ist dies mit der deutlich höheren Performanceerwartung an die IPO-Unternehmen, sowie der hohen Fungibilität der Anteile und dem Zugang zum Kapitalmarkt, welcher für eine Finanzierung allfälliger Wachstumsziele förderlich ist *(vgl. Kitzmann 2005, S. 245)*.

4.4 Vergleich der verschiedenen Börsen für Wachstumsunternehmen

Seit Beginn der 1980er-Jahre wurden Maßnahmen begeben, welche einen Börsengang für junge Unternehmen erleichtern sollten. In Europa wurden sogenannte Zweitmärkte eingeführt, welche vornehmlich einen Handel für kleinere Aktiengesellschaften ermöglichte. In den USA wurden zu diesem Zeitpunkt bereits Börsensegmente für junge Unternehmen gebildet. Mitte der 1990er-Jahre entstanden solche Segmente auch in Europa. Viele wurden jedoch, wie zum Beispiel der Neue Markt in Deutschland, mangels Erfolg wieder eingestellt.

4.4.1 NASDAQ (USA)

Diese Börse wurde 1971 von der National Association of Securities Dealers, Inc. (NASD) gegründet und war die erste elektronische Börse weltweit. Die NASDAQ wurde ursprünglich als Börse für kleine Unternehmen entwickelt, und besteht, im Gegensatz zu vielen anderen Börsen, noch heute und gilt als weltweit führender Markt für Börsenneulinge. Aber nicht nur kleine Unternehmen sind hier gelistet, sondern auch Gesellschaften wie zum Beispiel Microsoft. Unterteilt ist die NASDAQ in den NASDAQ National Market für größere Unternehmen, und den NASDAQ Small Cap Market der weniger strenge finanzielle Kriterien an ein Unternehmen stellt *(vgl. NASDAQ 2007, S. 11)*.

4.4.2 AIM (Alternative Investment Market)

Die Geschichte der Londoner Börse geht zurück bis ins Jahr 1698. Im Jahr 1991 wurde Sie in „The London Stock Exchange" umbenannt. Diesen Namen trägt die Londoner Börse noch heute. Im Jahr 1995 wurde der AIM, als zweites Aktienmartsegment der London Stock Exchange, gegründet *(vgl. Bartl 2005, S. 4f)*. Der AIM ist neben dem Main Market, welcher für größere und etabliertere Unternehmen gedacht ist, für kleinere und mittelgroße Unternehmen entwickelt worden. Mehr als 2900 Unternehmen wurden an dieser Börse zuglassen *(vgl. Pichler 2009, S. 76, zitiert nach London Stock Exchange 2007d, S.1)*. Der AIM ist unter Anderem für Unternehmen gedacht, welche die Kriterien des Hauptsegments oder anderer Börsenplätze nicht erfüllen können. Hauptsächlich sind Unternehmens aus dem Dienstleistungssektor gelistet *(vgl. London Stock Exchange 2006, S. 8)*. Für einige

Unternehmen ist die Emission am AIM eine Vorbereitung auf einen späteren Wechsel in das Hauptsegment. Da der AIM die Reputation der LSE nutzt, bietet das Listing einen Zugang zu einem global anerkannten Markt mit enormen Kapitalvorkommnissen *(vgl. Pichler 2009,S. 76, zitiert nach London Stock Exchange 2007a, S. 5)*. Vor der Zulassung an der AIM muss ein Unternehmen das sogenannte admission document bei der Börse vorlegen. Es enthält alle relevanten Informationen, die mit der Zuslassung an der Börse in Zusammenhang stehen. Die Inhalte sind zum Beispiel die wichtigsten Bereiche des Geschäftsbetriebes des Unternehmens, Finanzlage, Management, historische Finanzinformationen, Angaben zu Vorständen, Angaben zu Aktienkapital. Es muss von der zuständigen Behörde, der UK Listing Authority, geprüft werden *(vgl. Pichler 2009,S. 79, zitiert nach London Stock Exchange 2007a, S.12)*.

4.4.3 EASDAQ (NASDAQ Europe)

1996 wurde der Handel an dieser Börse aufgenommen. Erklärtes Ziel der EASDAQ war es, europäischen Wachstumsunternehmen aus unterschiedlichen Branchen eine geeignete Börsenplattform zu bieten, die wiederum primär institutionelle Anleger aus ganz Europa anspricht. Die EASDAQ hatte ihren Sitz in Brüssel und stand demnach unter belgischer Börsenaufsicht *(vgl. Kurth 2005, S. 57)*.

Die amerikanische NASDAQ hatte durch eine Kapitalerhöhung die Mehrheit an der EASDAQ erworben und änderte den Namen auf NASDAQ Europe. Im Juni 2003 wurden auf Grund der anhaltenden Börsenbaisse die europäischen NASDAQ-Ableger geschlossen, und die gelisteten Unternehmen mussten sich eine andere Börse suchen *(vgl. Kurth 2005, S. 58)*.

4.4.4 Neuer Markt

Der neue Markt wurde 1997 an der Frankfurter Börse eröffnet. Ziel dieses Börsensegments war es, wachstumsstarken und innovationsträchtigen Unternehmen, den Zugang zu Kapitalmärkten zu erleichtern, um Ihr zukünftiges Wachstum mit Hilfe von Eigenkapital zu finanzieren, sowie in Kontakt mit risikobewussten Investoren zu treten. Zu Beginn verzeichnete der Neue Markt einen regen Zulauf. Der Höchststand kam beim zehnfachen des Ausgangswerts zu liegen. Zeitweise war der Neue Markt die größte Wachstumsbörse in Europa und nach dem NASDAQ die zweitgrößte der Welt *(vgl. Deutsche Börse (Hrsg.) 2000, S. 38)*.

Im Herbst 2003 wurde der Neue Markt von der Deutschen Börse wieder aufgelöst.

4.4.5 EURO.NM

EURO.NM war eine Vereinigung von verschiedensten europäischen Börsen für Wachstumsunternehmen. Eröffnet wurde diese Börse im Jahr 1998 im Rahmen der Währungsunion. Hauptmotiv war damals eine erhoffte Kostensenkung für Börsengänge. Mitglieder waren damals der Neue Markt (Frankfurt), Le Nouveau Marche (Paris), EASDAQ (Brüssel), Mailänder Börse und der Nieuwe Markt (Amsterdam). Jedoch kam es Mangels fehlender einheitlicher Gesetzgebung und ohne europäische Regulierung zu einem Verschwinden dieser Börse. Hauptmotiv für die Schließung war jedoch die Fusion der Börsen von Paris, Amsterdam und Brüssel, zur Euronext.

4.4.6 Wahl des Börsenplatzes

Bei der Wahl des Börsenplatzes muss man primär auf die unterschiedlichen Zulassungsvoraussetzungen achten. Unter Einbezug der Börsenreife stehen dem Emittenten eine Vielzahl verschiedener Börsenplätze, mit deren jeweiligen Vor- und Nachteilen, zur Verfügung.

Kriterien wie Liquidität der Börse, Transparenz und Aufnahmefähigkeit spielen bei der Wahl des adäquaten Börsenplatzes eine Rolle *(vgl. Leitinger 2000, S. 331)*.

Die Vorteile eines Listings an einer internationalen Börse liegen unter anderem im besseren Zugang zu internationalen institutionellen Investoren, aber auch in der generell erhöhten Liquidität eines solchen Marktes. Als Nachteil kann sich aber eine geringe Vertrautheit mit der jeweiligen Gesetzgebung herauskristallisieren, weil die Haftungsbestimmungen von Land zu Land unterschiedlich geregelt sind. Außerdem ist eine Börsenzulassung im Ausland mit höheren Kosten verbunden und es besteht die Gefahr einer zu geringen Wahrnehmung *(vgl. Schenz 2003, S. 83)*.

Weiters besteht die Möglichkeit eines Doppel-Listings, welches jedoch auf Grund der hohen Kosten nur für Börsenkandidaten mit internationaler Ausrichtung und entsprechender Marktkapitalisierung zu empfehlen ist.

4.5 Motive für einen Börsengang aus Sicht des Unternehmens

Finanzielle Motive: Das Deutsche Aktieninstitut (DAI) ermittelte 1998 anhand von Befragungen die Gründe für vollzogene Börsengänge. Die anschließende *Abbildung 3* zeigt die Ergebnisse dieser Befragungen unter Neuemittenten.

Abbildung 3: **Gründe des Börsengangs**

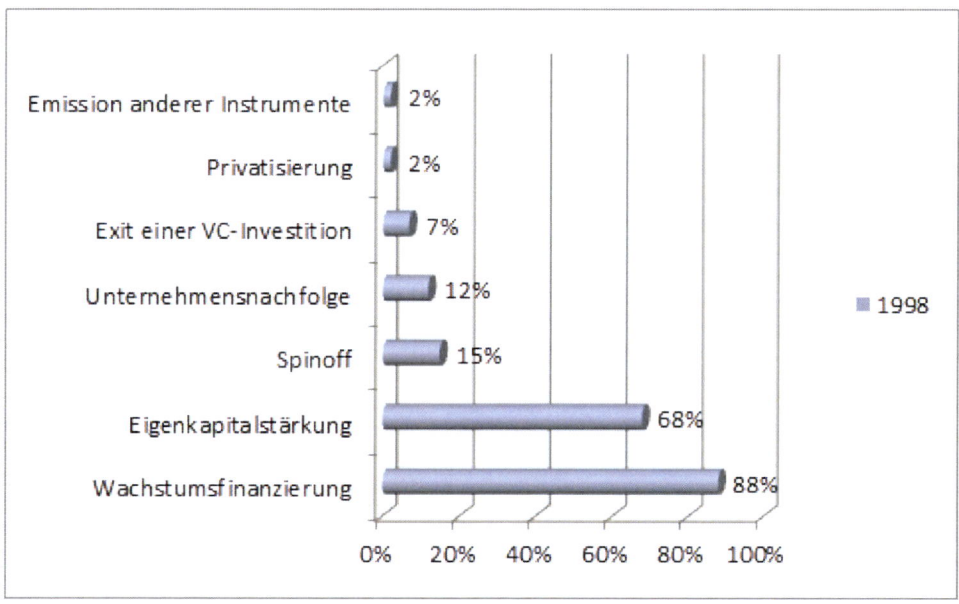

Quelle: Eigene Darstellung; Daten: *DAI (Hrsg.) 1999, S. 11*.

Es wird ersichtlich dass die Finanzierung des Unternehmenswachstums von circa 86% der befragten Unternehmen als wichtigste Ursache für den Börsengang angeführt wird. Als weiteres wichtiges Motiv und eigentliches Grundmotiv eines jeden Börsengangs wird die Stärkung der Eigenkapitalbasis angeführt. Vor allem für innovative und wachstumsorientierte Unternehmen ist dies von Bedeutung, da diese eine hohe Fremdfinanzierungsquote aufweisen und somit nur geringfügig mit Eigenkapital ausgestattet sind. Da den Unternehmen durch einen Börsengang unbefristet Eigenkapital zur Verfügung gestellt wird, erhöht sich auch die Bonität und das Rating des Unternehmens wird verbessert. Dies hat eine Abnahme des vom Kapitalmarkt geforderten Risikoaufschlages zur Folge *(vgl. Ferres 2001, S. 19 f)*.

Strategische Motive:

Circa 300.000 deutsche Mittelstands-Unternehmen stehen vor dem Problem der Unternehmensnachfolge *(vgl. Schmeisser/Grothe 2003, S. 3)*. Die Nachfolgeregelung stellt natürlich ein strategisches Motiv für einen Börsengang dar, da durch einen Börsengang die Fortführung eines Betriebes durch ein externes Management übernommen werden kann. Ebenso von wichtiger Bedeutung ist die Attraktivitätssteigerung des Arbeitsplatzes für die Arbeitnehmer. Die Arbeitnehmer können selbst als Anteilseigner auftreten und dies bezweckt eine stärkere Bindung der Mitarbeiter an das Unternehmen.

Durch einen Börsengang können aber auch der Bekanntheitsgrad, sowie das Image des Unternehmens positiv beeinflusst werden.

Betreffend die Vorteile eines Börsengangs für ein Unternehmen, zeigt die Abbildung 4 folgendes Resultat:

Abbildung 4: **Vorteile für ein Unternehmen aus einem Börsengang (1998)**

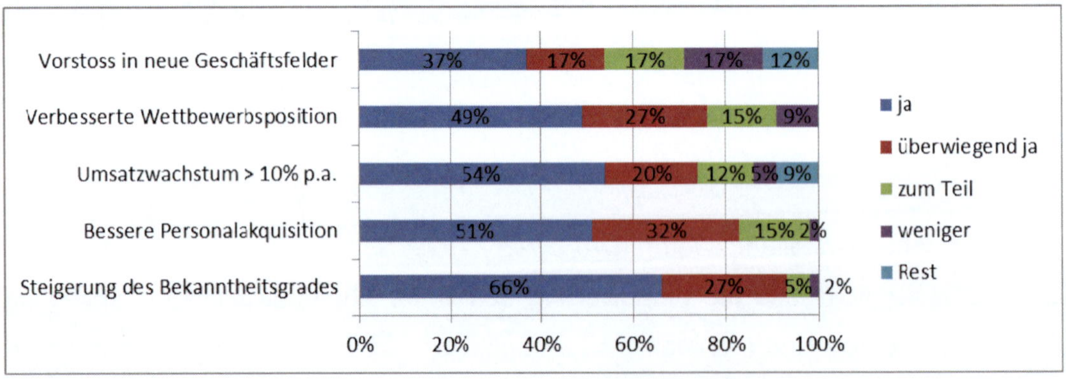

Kategorie	ja	überwiegend ja	zum Teil	weniger	Rest
Vorstoss in neue Geschäftsfelder	37%	17%	17%	17%	12%
Verbesserte Wettbewerbsposition	49%	27%	15%	9%	
Umsatzwachstum > 10% p.a.	54%	20%	12%	5%	9%
Bessere Personalakquisition	51%	32%	15%	2%	
Steigerung des Bekanntheitsgrades	66%	27%	5%	2%	

Quelle: Eigene Darstellung; Daten: *DAI (Hrsg.) 1999, S. 13*.

Die Daten beziehen sich auf das Jahr 1998.

Diese Abbildung zeigt dass eine Steigerung des Bekanntheitsgrades den weitaus größten Vorteil birgt. Der Börsengang ist für junge Wachstumsunternehmen vor allem eine Chance in Hinblick auf Präsenz in der Öffentlichkeit. Dies bringt einen Vorteil beim Absatz (Umsatzwachstum) sowie bei der Akquisition von Personal mit sich.

4.6 Motive für einen Börsengang aus Sicht der Venture Capital Gesellschaft

Für den Großteil der Venture Capital Gesellschaften steht der Preis bzw. der IRR im Mittelpunkt der Betrachtungen, bei der Wahl der Exit-Variante *(vgl. Wall/Smith 1997, S. 7)*. Dies soll jedoch nicht das einzige Motiv eines Börsengangs aus Sicht des Investors sein.

Lerneffekt: Venture Capital Gesellschaften können mit der steigenden Anzahl von Börsengängen Erfahrungen sammeln und dieses Know How in eine höherer Performance verarbeiten. Gründe dafür sind die verbesserten Beziehungen oder die erhöhte Reputation.

Überwachung: Venture Capital Gesellschaften sind meistens im Aufsichtsorgan des Unternehmens vertreten *(vgl. Kaplan/Strömberg 2003, S. 288-290)*. Dies bringt eine bessere Überwachung einer etwaigen Beteiligung mit sich.

5. Schlussbetrachtung

Die genaue Betrachtung des Börsengangs als Ausstiegsmöglichkeit aus einer Venture Capital Investition bringt verschieden Vor- und Nachteile ans Tageslicht. Ergebnis dieser genauen Betrachtung ist, dass der Börsengang im Vergleich zu anderen Exit-Möglichkeiten nicht zwingend die beste Lösung sein muss. Trotzdem gilt ein Going Public des Unternehmens, an welchem Beteiligungen gehalten werden, oft als die renditeträchtigste Exit-Variante. Die Attraktivität des IPO-Szenarios ist durch den hohen Gewinn, den man hierbei erzielen kann, begründet. Bei der Betrachtung der verschiedenen Börsenplätze wird ersichtlich, dass es seit Beginn der 1980er Jahre zahlreiche Maßnahmen zur Förderung des Zugangs zum Kapitalmarkt, für junge innovative Unternehmen, gab. Jedoch wird ebenso ersichtlich dass diese Maßnahmen oft zum Scheitern verurteilt waren. Einige junge Börsen wurden eröffnet, und wenig später wieder geschlossen. Somit gilt es bei der Wahl des geeigneten Börsenplatzes einige Faktoren zu beachten.

Literatur- und Quellenverzeichnis

Bader (1996): Private Equity als Anlagekategorie, Bern.

Bartl (2004): Die wesentlichen Erfolgsfaktoren des IPO-Meisters AIM als Denkanstoß für die Wiener Börse, München.

Bieg/Kussmaul (2000): Investitions- und Finanzierungsmanagement, Band 3, Vahlen.

Bösl (2004): Praxis des Börsengangs: Ein Leitfaden für mittelständische Unternehmen, Wiesbaden.

DAI(1999): Erfahrungen von Neuemittenten am deutschen Aktienmarkt 1998 – Ergebnisse einer Umfrage, Frankfurt

Deutsche Börse AG (2000): Geschäftsbericht 1999, Frankfurt.

Deutsche Börse AG (2003): Leitfaden für Unternehmen zum Going und Being Public, Frankfurt.

Deutsche Börse AG (2006): Praxishandbuch Börsengang: Von der Vorbereitung bis zur Umsetzung, Frankfurt.

Drill/Klein (2003): M&A-Strategien für Unternehmen in der Net Economy, in: Kollmann (Hrsg.), E-Venture-Management, Wiesbaden, S. 519-538.

Engelmann (2000): Moderne Unternehmensfinanzierung, Frankfurt.

Fendel (1987): Investmententscheidungsprozesse in Venture Capital Unternehmen: Darstellung und Möglichkeiten der instrumentellen Unterstützung, Köln.

Ferres (2001): Motive für den Börsengang, in: Dr. Wieselhuber & Partner Gmbh (Hrsg.), Börseneinführung mit Erfolg – Voraussetzungen, Massnahmen und Konzepte, Wiesbaden, S. 15-27.

Gleisberg (2003): Börsengang und Unternehmensentwicklung – der Einfluss veränderter Eigentums- und Kontrollstrukturen, Wolfratshausen.

Jesch (2004): Private-Equity-Beteiligungen, Wiesbaden.

Kaplan/Strömberg (2003): Financial Contracting Theory Meets the Real World: An Empiricial Analysis of Venture Capital Contracts, in Review of Economic Studies, Vol. 70, S. 281-315.

Kitzmann (2005): Private Equity in Deutschland. Zur Performance von Management Buyouts, Wiesbaden.

Kroll (2002): Der Börsengang und seine Alternativen – als analyseorientierter Strategieentscheid in deutschen KMUs, Bern.

Kurth (2005): Agency-Probleme und Performance von Initial Public Offerings, Dissertation an der Universität Gießen, Wiesbaden.

Leitinger et. al. (2000): Venture Capital 2000, Wien.

Leschke (2003): Exiterfahrungen im deutschen Beteiligungsmarkt, in: Jugel (Hrsg.), Private Equity Investments, Wiesbaden, S. 247-256.

London Stock Exchange (2006): AIM – The most Successful Growth Market in the World, London.

London Stock Exchange (2007): 2007d

Maurenbrecher (2008): Sanierung mittelständischer Unternehmungen durch Private Equity-Gesellschaften, in Steinle (Hrsg.): Schriften zum Management, Band 31, München und Mering.

NASDAQ (2007): Listing Standards & Fees, New York.

Nathusius (2001): Grundlagen der Gründungsfinanzierung, Wiesbaden.

Neuhaus/Braun (2003): Bewertungskriterien für Businesspläne in der Net Economy, Wiesbaden.

Pichler (2009): Der österreichische Aktienmarkt für kleine und mittelgroße Unternehmen im internationalen Vergleich, Wien.

Rohleder (2001): Emissionspreisfindung und Emissionsverfahren, in: Dr. Wieselhuber & Partner GmbH (Hrsg.), Börseneinführung mit Erfolg – Voraussetzungen, Massnahmen und Konzepte, Wiesbaden, S. 393-405.

Rudolf/Witt (2002): Bewertung von Wachstumsunternehmen – Traditionelle und innovative Methoden im Vergleich, Wiesbaden.

Schanz (2000): Börseneinführung – Recht und Praxis des Börsengangs, München.

Schenz (2003): Aktionsplan 2003 des Regierungsbeauftragten für den Kapitalmarkt, Wien.

Schmeisser/Grothe (2003): BASEL II und die Folgen für die Unternehmensnachfolge – Eine Einführung, in: Schmeisser/Krimphove/Nathusius (Hrsg.): Handbuch Unternehmensnachfolge, Stuttgart, S. 231-240.

Schween (1996): Corporate Venture Capital – Risikofinanzierung deutscher Industrieunternehmen, Wiesbaden.

SCM Strategic Capital Management AG (Hrsg.) (2006): Annual Exit Analysis 2005, Zollikon.

Steiner (2005): Das Emissionsgeschäft in der Schweiz, Bern.

Untergrabner/Ehrenhöfer (2004): Strategische Finanzierung über die Börse, in Stadler (Hrsg.), Die neue Unternehmensfinanzierung, Frankfurt, S. 211-223.

Volkart (2006): Corporate Finance, Zürich.

Von Daniels (2004): Private Equity Secondary Transaction, Wiesbaden.

Wall/Smith (1997): Better Exits, Zaventem.

Weitnauer (2000): Handbuch Venture Capital – Von der Innovation Börsengang, München.

Wiesmann/Gossler/Harder (2001): Der Ablauf eines Initial Public Offering, in: Wirtz/Salzer (Hrsg.): IPO-Management-Strukturen und Erfolgsfaktoren, Wiesbaden, S. 55.

Willms/Schmidt (1987): Venture Capital in Germany, unveröffentlichtes Manuskript, in Pichotta: Die Prüfung der Beteiligungswürdigkeit von innovativen Unternehmen durch Venture Capital Gesellschaften, Bergisch Gladbach, S. 11.

Wilson (1985): The New Venturers: Inside the High-Stakes World of Venture Capital, United States.